AF454948

LE PREMIER PRESIDENT

DE ROYER

Conserver la couverture

PARIS

IMPRIMERIE DE D. JOUAUST

Rue Saint-Honoré, 338

—

M DCCC LXXIX

LE PREMIER PRÉSIDENT

DE ROYER

PARIS

IMPRIMERIE DE D. JOUAUST

Rue Saint-Honoré, 338

—

M DCCC LXXIX

A MADAME VEUVE DE ROYER

Hommage de respect et de dévouement.

GEORGES DUFOUR.

LE PREMIER PRÉSIDENT

DE ROYER

Quand on écrira l'histoire de la magistrature française contemporaine, on placera au frontispice, à côté des noms les plus glorieux, des personnalités les plus illustres, l'imposante figure de M. de Royer, le premier président de la Cour des comptes, qui sut toujours commander le respect et personnifier l'honneur des différentes compagnies qui le comptèrent à leur tête.

M. de Royer, dont la mort, il y a deux ans, a privé la France d'un de ses plus précieux et de ses plus fidèles serviteurs, était le magistrat dans toute la largeur du terme. A quelque date de sa laborieuse carrière qu'on se reporte, on retrouve ce caractère saillant, nettement dessiné. Il était de ces hommes qu'on doit donner en exemple aux générations futures, et dont le souvenir comme la présence nous sont d'un égal et utile profit.

Et cependant de quels hommages fut entourée sa mémoire? Un discours académique, mais timide et officiellement incomplet, de son successeur; un article de journal plus courageux, mais isolé; quelques notices, échos de pensées intimes: telles sont les seules manifestations de respect qui aient osé se produire. Lorsqu'en février 1863 mourut M. Barthe, alors premier président de la Cour des comptes, cinq discours furent prononcés à ses obsèques. D'où vient donc qu'aucune voix ne s'est fait entendre sur la tombe de son successeur, M. de Royer? Pourquoi cette abstention calculée? pourquoi ce silence persistant? Ah! c'est que nous vivons à une époque où l'évocation des gloires du passé pourrait porter ombrage aux satisfactions ambitieuses de quelques personnalités sans lendemain.

Dire ce qui s'est fait de bien en dehors des hommes du 4 Septembre et de leurs complices, flétris par M. Grévy lui-même, c'était s'exposer à la désapprobation des puissants du jour. On comprend qu'il ait mieux valu, dans l'intérêt d'une certaine école, se taire et parvenir.

Mais n'est-ce pas grand'pitié quand un peuple ne place plus le culte des gloires du passé au nombre de ses premières vertus nationales ? Rompre complètement avec l'esprit de tradition, c'est se préparer pour plus tard de terribles retours ; c'est montrer dès maintenant l'affaissement des caractères par la capitulation des consciences ; et d'ailleurs les droits de l'histoire ne sont-ils pas imprescriptibles, et l'heure de la vérité n'arrive-t-elle point toujours ?

Quoi qu'on fasse, en effet, on n'empêchera pas que M. de Royer ait été une des plus belles illustrations de la magistrature française. Celui à qui incombera la pieuse mission de retracer dans une biographie complète tous les aspects de son caractère devra, pénétrant dans les détails d'une carrière si bien remplie, rappeler par quelles longues et fortes études M. de Royer sut conquérir tous les degrés de la hiérarchie judiciaire et se préparer aux postes élevés que lui réservait la

Providence. Pour nous, qui ne pouvons qu'esquisser à grands traits cette physionomie si vaste, nous n'en voulons retenir que les lignes générales, et mettre en lumière certains faits à dessein négligés ou à peine effleurés.

Nommé en 1848, après seize ans de services judiciaires, avocat général à Paris, M. de Royer eut bientôt l'occasion de montrer dans tout son relief l'étendue de ses connaissances, la vigueur de son esprit. Chargé de prendre la parole devant les hautes assises de Bourges et de Versailles, convoquées pour juger les attentats du 15 mai 1848 et du 13 juin 1849, il sut y déployer les ressources de la plus mâle éloquence, et révéla dès cette époque son ardent amour pour ces principes d'ordre, de conservation sociale, qui devaient toujours diriger sa conduite comme magistrat ou comme homme politique. « Point de liberté, a dit un philosophe contemporain, si une volonté forte et puissante n'assure l'ordre convenu! » Cette sage pensée a été pour M. de Royer la maxime de toute sa vie, et sa conscience n'y a jamais failli.

Dans les postes les plus élevés de la magistrature qu'il a successivement occupés, toujours il est apparu supérieur à ses fonctions. Procureur général à la Cour d'appel de Paris en 1850, il présida, comme chef du parquet, au recrutement du ressort. Ses choix éclairés, impartiaux, témoignent de l'absence de toute préoccupation personnelle. Chose remarquable, malgré les modifications profondes apportées par les événements et plus particulièrement par les hommes dans le sein de la magistrature, on retrouverait bien encore çà et là, parmi les procureurs généraux d'aujourd'hui, plusieurs de ses anciens attachés. Ah! combien ceux-là, s'ils ont gardé souvenance de leurs premiers pas dans la carrière, combien ils doivent faire intérieurement de touchants pèlerinages vers le chef vénéré dont l'autorité tutélaire abrita leurs débuts!

A la Cour de Paris et à la Cour de cassation, dans ses discours de rentrée comme dans ses réquisitoires, M. de Royer, procureur général, prouva, par la dignité de son langage, par la hauteur de ses pensées, par la fermeté de ses doctrines, que la justice s'était construit dans son cœur un incorruptible sanctuaire. Ainsi, ayant à parler du grand principe de l'inamovibilité de la magistrature, dont on veut faire aujourd'hui la servante trop docile d'un pouvoir éphémère, il sut se dégager de toute idée préconçue, et, tout en appréciant comme il convenait les avantages et les bienfaits de cette institution, il ne craignit pas d'en marquer exactement les limites et la portée. « L'inamovibilité, disait-il, ne donne pas l'indépendance du caractère, qui se puise, Dieu merci, à des sources plus dignes et plus élevées. » Pour lui, le travail et la noblesse de la vie peuvent seuls donner la véritable indépendance. Il pensait avec Vauvenargues qu'une âme courageuse n'a pas à attendre son sort de la seule faveur et du seul caprice d'autrui, mais que c'est à son travail à lui faire une destinée digne d'elle ; et il en a fourni par sa conduite l'éclatante démonstration.

Et maintenant la politique a pu le prendre, elle a pu l'arracher à ses études préférées ; mais, loin d'atténuer en aucune façon l'austérité de cette nature d'élite, elle n'a fait qu'ajouter un fleuron de plus à la couronne de ses mérites et de ses vertus, en lui donnant le sentiment de la fidélité politique, la sainte religion des souvenirs.

Deux fois garde des sceaux, il quitta le pouvoir dans les conditions les plus honorables. En 1851, il faisait partie de ce ministère d'affaires que le Prince-Président avait formé pour opposer une digue aux passions envahissantes de la démagogie. Son attitude à l'Assemblée fut ce qu'elle devait être : énergique et correcte. Par la sûreté de son coup d'œil et la décision de son esprit, il réussit à contenir le flot menaçant des interpellations hostiles et à ramener chacun dans la vérité de son rôle.

Lorsqu'il eut achevé avec ses collègues la mission transitoire qui leur avait été confiée, il reprit simplement sa place de procureur général à la Cour de Paris, offrant ainsi à ses successeurs un exemple trop peu suivi de désintéressement. L'année 1857 le vit de nouveau en possession du portefeuille de la justice, en remplacement de M. Abbatucci, décédé.

L'inflexible droiture de son esprit, unie aux

plus délicates pensées du cœur, lui avait attiré dès l'abord la confiance de l'Empereur. Nommé, le 5 mai 1859, sénateur et premier vice-président du Sénat, il eut une part active dans les travaux de la haute Assemblée, qu'il devait courageusement défendre plus tard, en 1871, au lendemain de la Commune. Avec quelle force il s'élevait contre les préjugés ridicules d'une opinion dévoyée, quand, s'adressant à la Cour des comptes, il ne redoutait pas de lui parler de ce Sénat « dont les travaux et le patriotisme seraient appréciés par l'histoire avec plus de justice que par les passions contemporaines » !

Toujours lui-même, toujours inébranlable dans l'expression de ses convictions intimes, il a eu ce rare bonheur de pouvoir conserver intacte sa fidélité politique et de n'éprouver au jour des revers aucune défaillance du cœur. L'Empereur, dont M. de Royer s'était rapproché, dès l'origine, autant par attachement personnel que par communauté de vues politiques, n'avait jamais cessé de lui donner les marques de sa plus vive et de sa plus flatteuse affection. Obéissant à l'inspiration d'une pensée délicate, Napoléon III l'avait nommé grand-croix de la Légion d'honneur le 16 mars 1869, jour anniversaire de la naissance du pauvre enfant impérial, voulant ajouter ainsi à la consécration des services rendus le témoignage d'une profonde sympathie.

De tels liens ne devaient pas se briser. Dans la mauvaise comme dans la bonne fortune, M. de Royer se souvenait des gloires du régime disparu, et, reportant souvent sa pensée vers la terre d'exil où le souverain d'une grande nation expiait surtout les fautes d'une opposition coupable, il ne pouvait s'empêcher de manifester de légitimes regrets pour ces années de prospérité, de force et de grandeur dont de terribles catastrophes venaient de rompre la chaîne fortunée.

A la mort de M. Barthe, premier président de la Cour des comptes, en 1863, M. de Royer, par l'éclat de son talent, par les hautes situations qu'il avait occupées, se trouva naturellement indiqué pour recueillir son héritage. La Cour des comptes fut sa dernière étape. Appelé à en être la personnification la plus élevée, il concentra dans l'exercice de ses nouvelles fonctions tout ce qu'il avait de zèle, de dévouement, et y apporta les qualités solides de l'administrateur, qui complètent le magistrat et augmentent son autorité. Aussi bien les événements allaient-ils rendre sa tâche singulièrement difficile et lui créer une redoutable responsabilité.

Lorsque éclata devant l'ennemi la révolution du 4 Septembre, le siège de la représentation nationale put être violé, l'Hôtel de ville envahi pour l'installation par surprise d'un gouvernement d'aventure; la Cour des comptes n'en demeura pas moins debout, et, maintenant l'intégrité de ses prérogatives, continua, malgré le siège, malgré le bombardement de la capitale, son œuvre de contrôle judiciaire. Mais des jours plus terribles l'attendaient encore, et ce que le 4 Septembre lui-même s'était vu contraint de respecter, le 18 Mars, moins scrupuleux, ne devait pas l'épargner.

Dans sa précipitation à s'éloigner de Paris devant l'insurrection communaliste, M. Thiers et ses ministres avaient abandonné la Cour des comptes. Depuis l'oubli si tristement célèbre de l'armée de l'Est, il semblait d'ailleurs qu'une sorte de vertige se fût emparé de l'esprit de nos gouvernants : ils oubliaient la Cour des comptes, comme ils avaient oublié déjà les attelages destinés à reprendre les canons de Montmartre. Des corps entiers de troupes livrés à l'émeute, les forts d'Issy, de Vanves, celui même du Mont-Valérien, que le général Vinoy dut faire réoccuper ; les grands corps de l'État, les administrations publiques, la Banque et ses richesses, ils oubliaient tout enfin, excepté la préservation de leurs précieuses personnes. Le premier moment de panique écoulé, la Cour des comptes attendait chaque jour des nouvelles du gouvernement réinstallé à Versailles ; mais, malgré un silence persistant et bien que Paris fût tombé définitivement au pouvoir de la Commune, M. de Royer, résistant aux sollicitations de sa famille et de ses amis, ne consentit point à quitter son poste qu'il n'en eût reçu l'ordre exprès du gouvernement.

C'était le 21 mars. La mairie du sixième arrondissement était déjà occupée par Lullier ; on venait d'arrêter M. Bonjean ; le danger devenait imminent. Le premier président de la Cour des comptes, voulant demeurer jusqu'au bout dans les voies de la légalité, envoya son chef de cabinet à Versailles pour s'enquérir des dispositions qu'adopterait le Ministre des finances. Le Ministre répondit que la suspension des audiences de la Cour était décidée. Alors seulement M. de Royer, réunissant le soir, chez lui, les trois présidents de chambre et le procureur général, leur communiqua la décision *in extremis* du gouvernement, qui autorisait les membres de la Cour à se séparer jusqu'à ce que le retour du droit méconnu permît à la justice de reprendre sa mission sacrée.

Mais quand recommencèrent, au mois d'août 1871, les séances de la Cour, grâce à l'hospitalité que lui offrait le Palais-Royal, on se trouva en face de ce monceau de ruines, de dévastations, que laissait après elle une insurrection sans précédents. Le palais du quai d'Orsay brûlé, les arrêts, procès-verbaux de délibérations, rapports de la Cour depuis 1807, archives historiques et législatives, bibliothèque, collections de règlements et d'instructions épuisées, comptabilités en cours d'examen ou de jugement, tout anéanti : voilà ce que le vandalisme de la Commune léguait à la Cour des comptes ! N'était-ce donc point assez du désordre inouï jeté dans les finances par la dictature de Tours et de Bordeaux, et que constate si éloquemment le rapport sur les comptes du gouvernement de la Défense nationale ? fallait-il qu'à quelques mois de distance l'attentat le plus odieux vînt ajouter ses ignominies aux plaies encore saignantes de la France vaincue ? était-il enfin besoin que la révolution donnât ainsi une fois de plus la mesure des prétendus bienfaits que de criminels artisans d'émeute font sans cesse miroiter aux yeux d'une populace misérable et crédule ?

Néanmoins le mal qui atteignait la Cour des comptes, pour être immense, n'était pas absolument sans remède. A côté de pertes irréparables, l'œuvre des reconstitutions possibles imposait à la Cour et à son président de nouveaux et graves devoirs. La tâche était lourde, on en conviendra. Dans ce travail de réorganisation et de réparation, où, par l'absence de pièces justificatives, la recherche des abus devenait si difficile, il importait plus que jamais à la Cour de conserver sa situation en dehors et au-dessus des partis, et de ne laisser compromettre par aucune attaque la dignité de son mandat. Avec quelle sollicitude constante M. de Royer s'acquitta de cette mission, et protégea dans leur plénitude les droits de la compagnie dont il s'honorait d'être le chef! Il voyait en effet dans son indépendance la garantie de tous, « du fort qu'elle avertit, comme du faible qu'elle défend au besoin ». Et il conseillait à chacun d'être calme, patient dans la recherche, juste pour tout le monde. « Plus une nation a été malheureuse, disait-il, et plus il importe que chaque administration s'impose la loi et trouve les moyens de ne laisser aucun intérêt en souffrance. La politique la plus sûre est toujours celle qui fait le mieux et le plus vite les affaires du pays. »

Aussi quelle vigilante activité, quel travail incessant pour arriver à reconquérir les délais légaux fixés par les règlements sur la comptabilité publique, et rétablir dans le sein de la Cour l'ordre régulier des apurements et des contrôles! Combien d'heureuses traces laissait dans les moindres délibérations sa direction scrupuleuse et féconde, et quelle valeur incontestée acquéraient les rapports rédigés sous ses auspices! M. de Royer était véritablement l'âme de la Cour des comptes; il la résumait en lui, et défendait par sa présence d'en amoindrir le prestige.

Mais, s'il employait ainsi toutes ses forces au service de son pays, jamais il ne s'abaissa jusqu'à dissimuler son mépris profond pour le despotisme de ces nouvelles couches sociales dont il est à craindre que la république conservatrice ne soit que l'écran provisoire, et, dans la sphère spéciale où il était placé, il n'hésitait pas à flétrir les attentats et à honorer publiquement les victimes. Il n'avait surtout point cette indifférence, facile en matière politique, qui permet d'approuver tous les faits accomplis : convaincu que des institutions démocratiques appuyées sur une base large et puissante comme celle de l'Empire répondaient admirablement aux mœurs et au tempérament de la France, il ne craignait pas d'exprimer hautement ses préférences, et, au milieu de l'inconstance des opinions et du désaveu des principes, il donnait le spectacle d'un cœur viril dont ni les revers ni les découragements extérieurs n'ont pu ébranler les croyances et la foi. Or, quand un homme a traversé tant d'événements et occupé de si hautes situations sans permettre qu'on entamât la moindre parcelle de son honneur politique ou privé, on peut bien dire qu'il a réussi à se survivre à lui-même dans la plus noble partie de son être.

Que signifie alors cette phrase, étonnante de naïveté, relevée dans le discours de son successeur : « Des exemples comme celui de M. de Royer ne seront jamais un danger pour un pays » ? — Non, certes, ce n'est point là qu'est le péril ; mais il apparaît au contraire dans cet obscurcissement des plus élémentaires notions de la vérité et de la bonne foi, qui commence par l'atténuation dans la forme de la sincérité des sentiments pour finir par l'injustice et l'ingratitude.

Heureusement, la gloire de M. de Royer dépasse de beaucoup les appréciations timides des esprits habiles à transiger, et le plus bel éloge qu'on pourra faire de lui dans l'avenir sera, dégageant à dessein le trait dominant de son caractère, de reconnaître dans tous les actes de sa vie, partout et toujours, comme le cachet de l'ouvrier sur son ouvrage, l'empreinte immortelle de sa grande âme de magistrat.

Georges Dufour.

A PARIS

DES PRESSES DE D. JOUAUST

RUE SAINT HONORÉ, 338

www.ingramcontent.com/pod-product-compliance
Ingram Content Group UK Ltd.
Pitfield, Milton Keynes, MK11 3LW, UK
UKHW021041260726
13994UKWH00005B/2302

9 782329 484877